「心を強くする」7つの扉

Seven doors to strengthen your mind

宇佐美百合子

Yuriko Usami

三笠書房

はじめに

一歩前へ踏み出す勇気が欲しい日、ちょっと落ち込んだ日に……
ページをめくるたび、「心」が強くなっていく——!

私たちはほんのちょっとしたことで、いとも簡単に自信をなくしたり、クヨクヨと思い悩んだりしてしまうことがあります。

どうしてこんなことが起こるのでしょうか?


あなたはそんな「ちょっと傷つきやすい心」をどう扱ったらいいのかわからなくて、心を強くする方法はないかと頭を抱えているのかもしれません。

だからこの本を手に取ってくれたのだとしたら、ありがとう。

きっとあなたの力になれると思います。

まずはじめに、もしあなたが「私はなぜ他の人に比べてこんなに傷つきやすいのだろう」と思っているとしたら、安心してください。

だれの中にも「傷つきやすい自分」はいます。

繊細《せんさい》で敏感な、気の小さい自分です。

もちろん私の中にもいます。私はずいぶん長いあいだ、〝傷つきやすさ〟にかけては自分の右に出るものはいないのでは……と思っていたくらいです。

そんな私がどうしてあなたの力になれるというのか、不思議ですか？

ひとつだけ、今のあなたとは違うことがあるからです。

それは「傷つきやすい自分」を心から愛していることです。

試行錯誤《しこうさくご》をくり返してやっと、そうなれました。そして、思い悩むことから解放されました。

「傷つきやすい自分」を心から愛することができると「強い自分」になれます。

★「立ち直るスピード」が早くなる！

私が言う「強い自分」とは、「何が起きても全然傷つかない自分」ではありません。

落ち込むことも、思い切り泣きじゃくることもあります。

けれども、苦しんで心がボロボロになったり、何もかもいやになったりすることはありません。

なぜかと言うと、立ち直るのがものすごく早いからです。

この立ち直るスピードが「強さ」だと思うのです。

ショックなことが起きたとき、今まで一週間落ち込んでいた人は一日で立ち直れるように。

一日中元気をなくしていた人は三〇分で立ち直れるように。

三〇分うろたえていた人は五秒で立ち直れるように、このスピードを身につけましょう。

そうすれば、あなたは繊細で敏感な心を持ったあなたのまま、クヨクヨと思い悩まず安楽に生きていけるようになるでしょう。

立ち直るスピードをはやめて心を強くする。それがこの本の目的です。

★気持ちを「快晴にする」のは、こんなに簡単！

落ち込んだときは、心が真っ暗になって、出口なんてないんじゃないかと思えることもあるでしょう。でも、出口は必ずあります。

落ち着いて闇の中で目を凝らしましょう。

ほら、うっすら光の漏れている『扉』が見えませんか？

勇気を出して、その『扉』に手をかけてみましょう。

『扉』が少しずつ開くにつれて、暗い地平に朝日が差してくるように、あなたの

てきます。

心に光が差し込んできます。

この光があなたの心を明るく照らし出すと、心がみるみる回復し、元気が湧いてきます。

『扉』を開けることは、とっても簡単です。「心の持ち方」をほんの少し変えるコツを知るだけ。それだけで、あなたの心は自分でも驚くほど強くなっていくのを実感できるはずです。

落ち込んだり傷ついたりしても、いつでも、どんなときでも『扉』をさっと開けて、心を〝快晴〟にすることができます。

本書はどの章からでも読めるように書いてあります。

第一章から順番に、もしくは、あなたのその日の気分にぴったりな章を選んで読んでもいいでしょう。

また、それぞれの章には、実際に「『扉』を開けた人」が登場します。彼らの体験を交えて解説していきますので、ぜひ参考にしてください。

しかし、**実際に自分の心の『扉』を開けて「心を強くする」ことができるのは、あなただけ**。それは他の人があなたに成り代わって、ご飯を食べたり眠ったりできないのと同じです。

さあ、まず、ひとつ目の『扉』を開けましょう！

宇佐美百合子

もくじ

第2の扉

幸せになるために絶対かかせない「心の大そうじ」

——不思議なくらい前向きになる！

第3の扉

マイナス感情を〝プラスパワー〟に変えるヒント

——「心のキズ」がみるみる癒されていく！

第4の扉

〝自信〟がどんどん湧いてくる
——〝明日の私〟がもっと輝く新習慣

第5の扉

自分がたまらなく好きになる
——毎日が「いいこと」でいっぱいになる!

第6の扉

人生がもっと「ときめく」心理術
——「なりたい自分」になるのはこんなに簡単

第7の扉

愛し・愛されて、世界一幸せな私になる方法
――「絶対に折れない強い心」はこうしてつくる

本文イラスト◎大高郁子

第1の扉

クヨクヨが、サーッと晴れていく

――1分後には、いつもの「元気な私」になれる！

「なぜ、あのとき、ああしなかったんだろう？」
そう思ったことはありませんか？
今さらあれこれ考えても仕方がないと頭ではわかっていても、〝クヨクヨ〟を止められない……。できることなら時間を巻き戻してほしい……と悩んだことはありませんか?

たとえ、はたから見たら「小さなこと」でも、とらわれていらだったり落ち込んだりすると、心は暗い海に吸い込まれていきます。

そんなときは何事も客観的に見られなくなり、もう取り返しがつかない「一大《いちだい》事《じ》」が起きてしまったという気持ちばかりふくらむでしょう。

マイナス思考に引きずられて深くて暗い海の底に沈んでしまうと、浮き上がるのにひと苦労します。

そこでジタバタして気力が尽きてしまったら困ります。

〝マイナス思考の海から素早く脱出する方法〟を考えましょう。

最初に登場するのは、後悔の海でおぼれそうになった女性Aさんです。

彼女の告白を聞いてみましょう。

告白 1

『過ぎたことを何度も考えてしまいます』

「あのとき、ああ言えばよかった…」「どうしてああ言えなかったんだろう…」と私はよく考えることがあります。

友だちとの何気ない会話でも。会議の席での発言でも。何か気の利いたことを言わなければ…と思うと緊張して、かえって何も考えられなくなるんです。それで、ついその場しのぎのことを口走ったり余計なことをしたりして、後悔することがあります。

最近悔いが残っていることは、就職試験の面接でのこと。第一志望の会社の最終面接で、うまく言葉が出てきませんでした。そのせいかどうかはわかりませんが、結果は不採用——。

今の会社で何かいやなことがあったり、人間関係がうまくいかないときは、「あの会社に入っていたら違っていたのかなぁ……」とあの面接を思い出して、クヨクヨしてしまいます。

それが心を後ろ向きにすることはわかっているんですが、過去の出来事に足止めされて、なかなか前に進むことができません。

★「自分に質問」で、不思議なくらい前向きになる

なんとしても食い止めなければならないのは〝マイナス思考の連鎖〟です。

それには最初が肝心。

心にポッと後悔の気持ちが湧いた瞬間を見逃さないでください。

「○○が悪い」「ああしなければよかった」「もう取り返しがつかない」……とマイナスの考えが押し寄せたら、その場で堂々めぐりを終わらせましょう。

いい方法があります。

あなたはいやなことを体験したとき、「どうしてこんなことになったんだろう?」と自問すると思います。後悔がムクムクッと頭をもたげるのはそんな瞬間。

大事なのは次の質問です。すぐ尋ね直してください。

「どうすれば同じことをくり返さないだろう?」

さらに大事なのは、その次の質問。

「この体験から何を学べばいいんだろう?」

このふたつの質問の答えを真剣に探しましょう。

そうすれば、〝マイナス思考の連鎖〟を断ち切ることができます。

「どうして」と過去に向かって問いかけても答えはでません。それよりも「どうすれば」と、未来に向けて問いかければ、「こうすれば、今よりきっとよくなる」という希望が湧いてきて、沈んだ心がフワ〜と暗い海の底から浮かび上がってきます。心を元気づけてくれるものは、この希望なのです。

希望を取り戻したAさんの告白の続きを見てみましょう。

告白 1

『幸せの〝手がかり〟が見つかりました』

クヨクヨしてばかりいたころ、よく本を読みました。

そこで目にした言葉が、私の心をわしづかみにしました。

《人生には、自分に必要な体験が順番に起こります。

いいこともいやなことも起こります。

後悔というだれも望まない体験でさえも、成長するために必要ならば起こります。

その体験の意味を見いだそうとしない者は壁にはばまれ、見いだした者は壁を乗り越えることができます――》

自分は今までいったい何をしていたんだろう……と思いました。

後ろばかり見て、自分の足で自分の未来を踏みつぶしていたということに、この言葉で気づかされたんです。

私はもう一度、〝大きな後悔を味わった意味〟を考えてみました。


それが自分に必要な体験だとしたら、どんなメリットがあるんだろう？

これを乗り越えれば、もっと心を鍛えられるということか……。

この会社にこそ、自分が活躍できる場があるということか……。


いくら考えても答えはわかりませんでしたが、答えを知りたいと思ったら、目の前のことに全力を注ぐしかないという気持ちになりました。

その自覚を持ったとたん、重石《おもし》を解かれたように心が軽くなって勇気が湧いてきました。私は自分から動こうと思ったんです。

仕事も、人間関係も、積極的にアプローチすると、今まで知らなかったおもしろ味がわかってきて、小さなことにも喜びを感じられるようになりました。

今私は「これから幸せになれるかもしれない！」と胸を躍《おど》らせています。

★「後悔」は、明日もっと素敵になるために必要なこと

人は後悔すると、全力をあげて自分の体験を否定し、あんな体験はしないほうがよかったとなげきます。

しかし、人生における〝真実〟は正反対なのです。

もし今、あなたが後悔の海でおぼれそうになっていたら、それはその体験から学ぶべきことがあるからなのです。

「あの体験を消してしまいたい」「できることなら時を戻したい」「戻せないなら

全部忘れてしまいたい」という気持ちになったときこそ、うろたえないでください。

先のふたつの質問を問い続けましょう。

「どうすれば同じことをくり返さないだろう？」

「この体験から何を学べばいいんだろう？」

すると、過去に向いていた心が未来に向きます。

これまでの苦しみが、これからの幸せを手に入れるステップに変わります。

心に「もう過ぎたことは仕方がない」という割り切りが生まれた瞬間、マイナス思考がプラス思考に転じます。

そうなったらもう大丈夫です。

「この体験を絶対無駄にしない！」「同じことをくり返さないように成長するぞ！」「つらい体験は必ず将来役に立つんだから！」という気持ちがフツフツと湧いてくると思います。

このときが輝きを取り戻すチャンスです。

〝幸せな未来〟を具体的に思い描いてみましょう。

あなたは何を手に入れたのでしょうか？

あなたの隣にはどんな人が寄り添っていますか？

幸せな未来像をありありと思い浮かべることは、とても大切です。

たとえば、好きな仕事に就《つ》いて仲間と語り合う未来像でも、愛する夫と子どもに囲まれて楽しく笑って暮らす未来像でも。そこに近づくために「今のうちにできること」「今から準備すべきこと」を考えて、さっそく取りかかりましょう。

もうひとりの告白者は、クヨクヨと後悔してばかりいた、かつての私です。

告白 2

『なんでも完璧にしないと気がすみません』

「どんなことでも、やるからには完璧にしたい」という気持ちが強いので、完璧にできないととても後悔します。

たとえば、仕事の準備が十分できなかった、上司に叱《しか》られた、クライアントから文句を言われた、恥をかいた……そんなときは夜も眠れないくらい苦しみます。

仕事以外のことでも、掃除をするなら徹底してやりたいのに、途中で気になることが出てきて中途半端に終わってしまうと、なんだか自分が中途半端な人間のように思えて情けなくなります。

私が完璧にこだわるのは、やっぱり「私ってすごい！」と感じたいからだと思います。

だけど自己満足じゃいやだから、まわりの人から評価されたい。

「あなたってすごい！」と言われたい。

十人いたら十人からほめてもらいたい、と思ってしまうんです。

頭では、全員に評価されるなんてムリだし、なんにでも完璧を目指そうとすれば身が持たないこともわかっています。


でも……本音を言うと、人から非難されることに堪《た》えられないんです。

非難されるとめちゃくちゃ落ち込んで、それこそ後悔の海でおぼれそうになるから。

完璧にできたらこわいものなしだと思うから、私は完璧を目指してこんなにがんばっているんです。

★〝がんばりすぎてしまうあなた〟への言葉の処方箋

物事を○《まる》か×《ばつ》で判断する。それが〝完璧主義者〟の特徴です。

もしあなたが、「そこそこ」とか「まあまあ」という自分ではいやだと感じるとすれば、あなたにも〝完璧主義〟の傾向があるかもしれません。


自分に対して、「完璧にできた自分は○《まる》」「完璧にできなかった自分は×《ばつ》」という価値判断をするようになると、何がはじまると思いますか？

完璧にできなかった自分を攻撃するようになります。

困ったことに、完璧にできない他人のことも厳しく攻撃するようになります。

日頃から何かにつけてすぐまわりの人間を非難する人は、もしかすると、実は自分の不完全さを認めたくない完璧主義者なのかもしれません。

完璧な人間なんてひとりもいません。

自分も、他人も、だれも完璧ではありません。

不完全が普通。**不完全な部分にこそ〝これから成長するのびしろ〟が残されているのです。**


もしもあなたが完璧であることにこだわり続ければ、あなたは「満足できない苦しみ」から抜け出せなくなってしまうでしょう。

大きなパズルのワンピースが抜けていることに胸を痛め、全体としての美しさに浸《ひた》ることも、そこまでがんばった自分を抱きしめることもないでしょう。


そんな苦汁をなめつくした私からのアドバイスです。

「精一杯やることに意味がある」という考え方を受け入れてみませんか。

たとえ結果が完璧じゃなくても、精一杯やった自分に〇《まる》をあげる。「自分にできなかったこと」ではなく、「自分にできたこと」に目を向けるのです。

「何ができなかったか」にとらわれていた意識を「何ができたか」に向けましょう。

すると、どんなことが起こるのか……私の告白の続きです。

告白 2

『〝いい加減〟は〝良い加減〟!?』

私は子ども時代、十のうちひとつ間違えると、そのひとつを注意されました。

そんなこともあって、大人になってからも、何かひとつ間違えるとそれが気になり、「全体としてはＯＫ」という見方ができなくなりました。

ところが、完璧を目指してがんばるのはいいことのはずなのに、どうしてこんなにつらいんだろうと悩みはじめ、「いいことだったら、それで幸せな気分になれないのはおかしい……」と思うようになったんです。

それから心理学を学び、完璧主義の弊害《へいがい》を知りました。

強く心象に残ったのは、ある本で読んだくだりです。

《「いい加減」には「良い加減」という意味がある。

楽器の弦は、張りすぎても緩めすぎてもいい音色は出ない。力を加減してちょうど良く張ることがもっとも重要で、心の糸もこれと同じ。完璧主義者にはそれができない》

それまでの私は「いい加減なこと」をまったく受け入れられなかったので、まさに目からウロコでした。

心の糸をピンピンに張り詰めてヘトヘトになっている自分の姿を振り返

りました。

そのとき、その張り詰めた音色を聞かされていたまわりの人たちの心労に気づいたんです。


私はなんとしても「良い加減」を身につけようと思いました。

「最初からうまくやろうと思わなくていい。うまくできなかったら、そこで調整して余計な力を抜けばいいんだ」と自分によくよく言い聞かせました。

「良い加減」を目指して試行錯誤するうちに、私の中に「まっ、いいか」というおおらかさが芽生えてきました。

「まっ、いいか」という気持ちになったら、後悔することがぐっと減りました。

★「心の舵」のとり方しだいで〝いいこと〟がたくさん起こる

完璧主義は、いわば〝心のクセ〟です。

クセは意識すれば変えることができます。「どうして私にはできないのか」という気持ちが湧いたら、意識して「どうすれば私にできるか」に切り替えましょう。

明瞭な言葉にすると〝心の向き〟が変わります。

「どうして私にはできないのか」は自分を傷つけて元気を奪う方向ですが、「どうすれば私にできるか」は自分を援護して知恵を絞る方向です。

出来事を振り返るときには、自分を援護する方向に心の舵を取りましょう。

そうすれば、後悔する代わりに「今できていること」や「これからできそうなこと」に目がいくようになって、〝悩み〟を〝生きる力〟に、〝ピンチ〟を〝チャンス〟に〝何気ない毎日〟を〝特別幸せな毎日〟にする力が湧いてきます。

あなたの人生は、もっとラクに、もっと楽しく充実してくるのです。

第2の扉

幸せになるために絶対かかせない「心の大そうじ」

——不思議なくらい前向きになる！

あなたの心の中に、あなたの行動を厳しくチェックする、こんな〝教育指導の先生〟がいませんか？

これは、かつての私の告白です。

告白 1

『私の心には〝お説教部屋〟があります』

私の心の中には、私をお説教する〝もうひとりの自分〟がいます。

たとえば、ワル乗りして友だちに余計なことを口走って、相手の機嫌を損ねてしまったときは、

「あんなこと言うなんてあなたサイテイ！　いつもひと言多いって思われているのわかってる？　平気で人のこと傷つけるから嫌われるんだよ」

人と約束したことをうっかり忘れてしまったときは、

「一度約束したら人は覚えているものなの！　それを忘れちゃうなんてひどすぎる。これじゃ信用なくすわけだ」

また、自分がやると決めたことを全然実行できないでいると、

「今度こそやるって決めたのに、どうしてやれないの！　ほんと口ばっか

りでダメなんだから!」

いつもこんな調子で、嘘をついた、陰口をたたいた、人のせいにした、不親切だった……と〝もうひとりの自分〟がうるさく責め立てます。

自分で自分を責めてばかりいると、私はなんてひどい人間なんだと思ってしまいます。

★心にこんな〝余計な荷物〟を抱え込んでいませんか?

「私のせいだ」「私が悪い」という気持ちに陥りやすいときは、それは心のどこかに『罪悪感』があるからかもしれません。

「罪悪感」というと、たいそうなことに聞こえますが、自分で「悪いことをしてしまった。申しわけない」と思うだけで罪悪感は簡単に生まれます。

だれもが必ず、多かれ少なかれ心に抱えているものなのです。


それが積もりに積もって、罪悪感をドカッと抱え込んでしまうと、「私には幸せになる資格なんてない」という感覚がジワジワと潜在意識に広がっていきます。

やっかいなのは、私たちがまったく知らないうちにそれが行なわれるという点です。


そんな罪悪感を抱え込んでしまうと、人はどんな行動を取ると思いますか？

「ありのままの自分」を認められなくなって、〝いい人〟を演じてしまうようになるのです。


私にはこんなことがありました。

友だち五人で盛り上がって「これからドライブしよう！」という話になったのですが、あいにく友だちの車は四人乗りでした。

それがわかると、私はすかさず「今日は遠慮しておくわ」と言ったのです。

その時は、みんなのためによかれと思ってしたのです。ところが、「いいこと」をしたはずなのに、心は軽くなるどころか、行けばよかったとずっと後悔しました。だって本当はものすごく行きたかったのですから。

そのことでまた「全然素直じゃない」「かっこつけるな!」と自分を責めました。

そうやって、〝いい人〟を演じ続けていた私にも、転機が訪れました。

告白1

『脱〝いい人〟宣言！』

「私は本当はいい人じゃない」という想いと、「いい人でいなかったら嫌われる」という想いが、寄せては返す波のように心の中で行ったり来たりしました。

そのうち、だれに対してもいい人でいようとする自分がピエロのように見えてきて、

「もう、いやだ！」と叫びました。

それは〝魂の叫び〟だったのでしょう。

素の自分に還りたいのに還れない……切ない気持ちが涙になってボロボロこぼれ落ちました。

ひとしきり泣いたらハラが据《す》わりました。

「素の自分を正直に出して、それで嫌われたらしょうがない。いい人を演じるのはもうやめよう」

それからの私は、ものすごく〝わがまま〟になりました。

遊びに行く場所を決めるときも、箱から食べたいケーキを選ぶときも、少しドキドキしたけど勇気を出して、「ここに行きたい!」「これがいい!」と言うようになりました。

まわりの人たちは、なんと、そんな私を笑って受け入れてくれたんです。

親友は「エライ! ちゃんと自己主張するようになった」とひやかしました。

「このまま自己中になっちゃったらどうしよう……」と本音をつぶやくと、「みんなを不愉快にする自己主張はただのわがままだけど、和《なご》ませる自己主張ならいいよ。正直な気持ちを出すと、その人の思っていることがわかって安心なんだよね。だって、何を思ってるかわからない人って一番扱いにくいでしょ」と笑って言いました。

私は自分のモットーを決めました。

「自分の気持ちは正直に言うけど、その気持ちに執着してウダウダ言わない」

それからは、自分の気持ちをきちんとわかってもらいたくて、自分から心を開いて一生懸命人に語りかけるようになりました。

★あなたは、もっともっともっと幸せになっていい!

そんな体験をとおして、ありのままの正直な自分でいることを、私はようやく自分に許すことができました。

実は、この〝許し〟が『罪悪感』を乗り越えるには不可欠なのです。

もし、あなたもかつての私のように「〝いい人〟でいなくては」と心のどこかで思っているのなら、聞いてほしいことがあります。

もう、あなたは〝いい人〟でいようとムリすることはありません。いい人になろうと画策しなければ、あなたは本来いい人なのですから。

これからは、罪ほろぼしのための努力ではなく、幸せになるための努力をしてください。

これまでに身につけた罪悪感は、人生のどこかで切り捨てなければならない荷物と考えましょう。


その荷物を切り捨てるためのファースト・ステップは、

「自分は生まれたときからいい人で、決して罪深い人間ではない」と認めること。

セカンド・ステップは、

「もっと堂々と、もっともっと幸せになっていい」と自分に許すこと。

私たちは生きている限り、間違いを犯したり、不本意なことをしたり、ほかの人を傷つけてしまうことがあると思います。

でも、そのたびに罪悪感を背負い込む必要はまったくありません。

どんな自分も許して、どんな出来事もおおらかに受け入れましょう。

許して受け入れることこそが、あなたが生涯を通して取り組むべき課題なのです。

そんな、許しがどれほど大きな癒《いや》しを生むものか、想像できますか？

たとえばもし、自分が申しわけないと感じている相手から「あなたを許します」と言われたらどんなにホッとするでしょう。

きっと、救われたような気持ちになると思います。

あなたもそう思ったならば、まっ先にたとえ〝不本意な自分〟でも許しましょう。

「私は私を許します」と宣言して、自分を心から安心させてあげてください。

もうひとりは、自分を責め続ける男性Bさんの告白です。

告白 2

『僕は全然たいしたことない人間です』

上司から命令されたことは一生懸命やります。

残業も進んでやるようにしています。

上司がＯＫを出してくれるまでは心配で、心配で、仕事をさぼろうなんて考えたことは一度もありません。

いつもどうしてそんなにがんばれるのかって、人から尋ねられたことがありますが、それは自分が役に立つ人間だと認められたいからです。

まあ、そう言うのも照れますから、忙しくしているほうが性に合っているからと答えましたけど。


本当のことを言うと……。

僕は全然たいしたことない人間だから、もし人並みにしか働かなかったらすぐ用済みになっちゃうと思っているからです。

いてもいなくてもいいような価値のない人間だから、がんばるしかないんです。

至らないときは、自分をキビシク責めて気持ちを奮い立たせます。

でも、ときどきしんどくなって……。

がんばっても、がんばっても、報われる気がしなくて……このままいったらどうなるんだろうって不安に襲われることもあります。

★「がんばっているのに報われない……」それは神様からの〝止まれ〟の合図

「ありのままの自分」を認められない人の中には、『罪悪感』ではなく、『無価値感』を抱えている人もいます。

まじめで誠実な人に多いのですが、「こうあるべき」という自分でつくった枠にとらわれ、そこからはみ出す自分に価値を認められないのです。

そんなことを繰り返していると心に『無価値感』が降り積もり、「私は存在しているだけで価値がある」とは到底考えられなくなります。

その結果、猛烈な〝がんばりや〟になります。

中には、Bさんのように〝仕事人間〟になる人もいます。


人生には、夢を叶えるためにがんばらなければいけないときもあると思いますが、無価値感からくるがんばりは、それとはまるで違います。

目に見えない〝自分の恐怖〟とエンドレスに戦うので、どんなにがんばっても報われません。達成感も味わえません。

この戦いに勝利や生きがいを見出すことは、最初からムリなのです。

それどころか、心の中で無価値な自分を責め続け、焦燥感にあおられ続けるでしょう。

行き場のない苦しみは、心に巣くっている無価値感を癒すまで続きます。

もしあなたが、がんばっているのに幸福感を感じないとしたら、もしかすると原因はこの無価値感にあるかもしれません。

もう少し詳しく見ていきましょう。

★「だいじょうぶ。そのままのあなたで十分素晴らしい」

あなたは「補償行為」という言葉を聞いたことがありますか?

「補償行為」とは、補償という字が示すように、罪悪感や無価値感からくる「後ろめたさを穴埋めする」行為です。

私は自分の半生を振り返ったとき、数え切れないくらい補償行為をしていたことに気がついて驚きました。あなたも無意識にしていることがあるかもしれません。

例を挙げてみましょう。

● 仕事に全力投球していなかったり、自分は役に立ってないと思うと、やりたくもない残業を熱心にする。

● 浮気したり、そのことで嘘をついたりすると、恋人や伴侶にいつも以上にやさしくする。

● 友人の陰口をたたいたり、仲間を裏切ったりすると、世話役を引き受けて人に尽くそうとする。

● 自分のことをダメな人間と見捨てていると、自分より弱い立場の人間を助けて力になろうとする。

● 親孝行ができていないと、年恰好が似ている見ず知らずのお年寄りにやたらと親切にする。

これはほんの一例ですが、何か思い当たることがありましたか？

どんな熱意も、親切も、それが補償行為である限り、前向きな情熱や満足感に変わることはありません。

最初は張り切ってはじめたとしても、しだいに苦痛になっていくのがオチです。

どんなにがんばっても幸せになれない補償行為をやめましょう。

何かする前に「これは補償行為？」と自分の胸に聞いてみて、そうかもしれないと思ったら、気持ちを整理し直しましょう。

あなたのやさしさは、あなたが心の底から喜んで与えたときに、真に生かされるものなのです。


それを実践したBさんの告白です。

告白 2

『自分の価値を認めたら、心に羽が生えました』

僕の心には、「役に立つ人間でなければ」という強迫観念がありました。情けない想いやみじめな想いもしたくないという想いもありました。だからがんばってきたんですが、終わりの見えないレースに、あるとき疲れてしまいました。

これまでの自分を振り返ったとき、「自分で自分を認める」ということをまったくしてこなかったことに気がつきました。

それで「自分で自分を認める」ために、ふたつのことに本気で取り組んだんです。

ひとつは、「自分には価値がないと思うのは間違い」。これを朝晩自分に言い聞かせる。

ふたつめは、「今の自分をそのまま受け入れる！」。

心に少しずつゆとりが出てきてわかったことがあります。

人から認められることばかりを考えて、仕事に全力を注げていなかったということ。思えば無駄な努力ばかりをしていました。

それに気づいてからは、純粋に「今、目の前にある仕事」に大切なことは何かと自分で考えて動くようにしました。

すると仕事も楽しくなり、成果も上がって、「なんだ、自分にもできるじゃないか」と自信がつきました。

自分でも、大丈夫なんだということを発見したときはうれしかった。ものすごく安心しました。

自分で自分を認めることの重要性が身に沁《し》みました。

★〝ワクワクする気持ち〟が、「幸せな人生」への道しるべ

〝自分を認める〟とはどんな感覚でしょうか。

もしあなたがまじめすぎて、かたくなすぎて、「こうあるべき」という鎖《くさり》で心をがんじがらめにしているとしたら……。

その鎖をほどいて、傷だらけの心を自分でそっと抱きしめてあげましょう。これが〝自分を認める〟ということです。

あなたにとっては、「こうあるべき」という鎖は「正しい考え」だったのかもしれません。

でも、そのせいで心が悲鳴を上げて不幸になってしまったなら、それはもう「正しい考え」とは言えないと思います。

「正しい考え」とは、その通りにすれば喜びを得られて、自分が幸せになれる考えでなければいけないのです。

それをチェックする簡単な方法があります。

たとえば、「ガムシャラに働く」が自分にとって正しい考えかどうかは、ガムシャラに働く自分が〝大好きかどうか〟で判断してください。

「人に責任転嫁しない」も、そんな自分が大好きならば正しい考えです。

「人前で弱みを見せない」はどうですか？

弱みを見せない自分が大好きですか？　それとも弱みを見せられる自分になりたいですか？

「がんばらない自分は価値がないからがんばる」はどうでしょう。

そんな自分が大好き！と胸を張って言えますか？

心は、ムリとガマンを強いればいつか反逆します。

ムリとガマンを強いる罪悪感や無価値感を早く見つけ出して、あなたの心を解き放ってあげましょう。


そのままの自分でいてもあなたには価値がある。増えたり減ったりしない十分

な価値がある。これが真実です。

だからいつでも、等身大の自分で生きていったらいいのです。

幸せでありたいと願うならば、幸せでいられるような考え方をし、そのように振る舞い続けることが大切だと思います。

＊

これからも、小さな嘘をついたり、だれかに迷惑をかけたり、だれかを助けそこなったりすると、罪悪感や無価値感はたちまちあなたの心を捉《とら》えて脅してくるかもしれません。

そんなときは、そうしてしまった自分、そんな目に遭ってしまった自分を許すことを最優先してください。

のびのびと〝大好きな自分〟で生きていきましょう。

第3の扉

マイナス感情を〝プラスパワー〟に変えるヒント

――「心のキズ」がみるみる癒されていく！

最近、怒りが収まらないという出来事がありましたか？
そのときあなたはどうしたのでしょう。
ぐっとガマンしましたか？
怒りをぶちまけましたか？

カッカするのは体によくないことを、私たちは本能的に知っています。

そう、**“怒り”は猛毒**なのです。

自分の怒りだけではありません。頭に血がのぼって怒鳴りまくっている人と一緒にいると「毒気に当てられた」と言いますが、決して大げさな話ではありません。

怒り心頭の人が吐く息には、ネズミのような小動物ならば即刻死に至らしめるほどの毒気がある、ということは科学的に証明されています。

もし、あなたが激怒して自分の体内で猛毒を爆発させれば、心身は傷つくに決まっています。

『怒り』そのものが、あなたを傷つけてしまう要因なのです。

しかし人間である以上、怒りが湧くのを止めることはむずかしいと思います。

その意味で私たちは、心に爆弾を抱えたとても傷つきやすい存在なのです。

あなたは自分も傷つきたくないし、だれも傷つけたくないと思っていることでしょう。

でも、世間には意地悪をする人や皮肉を言う人がいるし、人生には理不尽なことや不本意なことがたくさん起こります。

自分のまわりから「頭にくる事柄」をなくせないのなら、「頭にくる自分」をなくすほうが手っ取り早い。そんなふうに思いませんか?

「頭にくる自分をなくして寛大になりましょう!」と言いたいところですが、実はここに〝落とし穴〟があります。


怒りをむやみに呑み込んではいけません。

むりやり抑え込むと、怒りは行き場所を失って、消えることも、小さくなることも叶わず、〝静かな怒り〟になって沈殿《ちんでん》します。

〝静かな怒り〟とは、意識されない怒りです。

それは心の底で、次から次へと投下される新たな怒りを養分にして増幅していき、臨界点に達すると爆発します。

そんな体験をした女性、Cさんの告白です。

告白1 『ヒステリーを起こしてはいけない』

「人前で怒ることは見苦しい」「怒りをあらわにすることは大人気《おとなげ》ない」と私はしつけられました。

ヒステリックに騒ぎ立てる女性を見ると、「みっともない」と冷めた目で見ていました。自分はめったなことでは怒らないという自信があったからです。

あの事件が起こるまでは……。

恋人と付き合いはじめて半年くらい経ったころです。

彼の身勝手さに堪忍袋の緒が切れて、私はすさまじい剣幕で怒り出しました。

「あなたはずっとそうだった。あのときも同じことをしたのを覚えてる？　私はずっとずっとガマンしてきたのよ！」

怒りは勢いを増すばかりで留まることを知りません。

まるで、溜まっていたマグマが一気に噴き出したみたいでした。

彼は思いもかけない出来事に呆気に取られて、

「おどろいたなぁ。君がこれほど執念深かったなんて」と言いました。

実は、彼よりも驚いたのは私のほうです。

彼に怒鳴りながら、本当は彼に怒っているんじゃないような気がして…

……。

子どものときから押し留めてきた怒りが一気に吹き出している……と感じました。

★「怒り」の下には、人生をさらによくする〝宝物〟が埋まっている！

怒りを強引に抑圧することは、部屋に散乱した汚れ物をむりやり押し入れに押し込む作業と似ています。

汚れ物は消滅したわけではなくて、ただ目に触れなくなっただけなのに、もう消えてしまったかのように錯覚します。

もし、だれかがうっかり押し入れを開ければ……見たくもない汚れ物が一気に転がり落ちてくるでしょう。それは止めようがありません。

しかも、怒りをガマンしているあいだにすっかり執念深くなって、とうに忘れていたような出来事まで引き合いにして怒りを爆発させます。

あなたはそんなことにならないように、知らないうちに封じ込めた怒りがないか、そっと心の押し入れを開けて調べてみましょう。

「感じたくないから」という理由で押し込めた怒りがありませんか?

怒りは悪者ではありません。

それは、「このままでは幸せではありません」という内奥《ないおう》からのメッセージにほかならないのです。

怒りは心を解放する突破口になってくれる〝貴重な存在〟と考えましょう。

だから「怒りに託されたメッセージを読み取って幸せになります」という態度で怒りと向き合うことが大切です。

怒るのは見苦しいこと、よくないことと思わずに、心の底に渦高く積もった怒りを上手に解放しましょう。

解放しようとして怒りと向き合うと、そこに託されたメッセージを読み取ることができます。

そして自分が本当に求めているものを知ることができるでしょう。

Cさんは、怒りをこんな方法で解放しました。

告白 1

『〝怒りノート〟を作って大正解でした』

あの事件があってから、自分は人並みに怒る普通の人間だったと、かえって気がラクになりました。

私はそれまで怒りから目をそらして、自分の心をあざむいていたんです。

友人に「怒りの炎がまだ胸の奥でくすぶってる」と打ち明けたら、徹底的に怒ったほうがいいと言って〝怒りノート〟を勧めてくれました。

頭にきたことを洗いざらい書きなぐるノートです。

いざはじめてみると、出るわ、出るわ、あっという間にノート一冊、真っ黒になりました。ほとんどが子ども時代にガマンさせられたこと。

今二冊目ですが、長年溜め込んでいた怒りがやっと出尽くした感じです。

私はこの方法がとても気に入っています。

まず怒りを抑えつけなくてすむし、だれにも迷惑をかけないし、自分で自分の感情を処理できるからです。

処理といっても、最近は書きなぐったあと反省するようにしています。

自分にまったく責任がないということはありませんから。

もう、怒りを怒りのまま溜め込むのはこりごりです。

彼にはふられてしまいましたが、いい経験をしたと思ってます。

彼がきっかけを作ってくれなかったら、私はいまだに爆弾を抱えていたでしょう。

★心をジャブジャブ「丸洗い」――毒をためない方法

あなたの心を〝風船〟に見立ててみましょう。

あなたが腹を立てると、風船は怒りの息でみるみるふくらみます。

今にもはち切れそうになった風船を抱えれば、あなたは当然息苦しくなります。

苦し紛れに「腹の立つ相手にあやまってもらったら少しは気がすむかも」と考えるかもしれません。

しかし実際には、そんなことを考えているヒマがあったら、風船から怒りの息、つまり毒気を抜くことが先決なのです。

毒気を早く抜いた分だけ、早く立ち直ることができるからです。

腹が立ったら、最初に怒りのエネルギーを昇華させることを考えましょう。それから問題の解決に当たるほうが物事はうまくいくと思います。

その手段のひとつが〝怒りノート〟です。

怒りノートに気持ちを書きなぐることは、風船を空に放り投げるようなもの。

風船はシュルシュルと怒りの息を噴き出しながら弧を描いて落ちていきます。

この動きに身を任せることが『ゆだねる』ということです。


あれこれ考えて悶々としていても、毒気を抜くことはできません。

心が怒りで苦しいことを認めて、怒りに抵抗せず、怒りをエネルギーとして放出してしまいましょう。

放出すれば、そこに新たな空気を取り込むスペースが生まれます。

出せば入る。体は重たい息を吐き出せば、自動的に軽い空気を吸い込むようにできています。

この仕組みを生かして心を痛めつけないようにしましょう。

『ゆだねる』術はほかにもたくさんあります。

怒りのエネルギーは、体を動かして放出するほうが手っ取り早いでしょう。

心身は一体ですから、「身振り手振りを加えて大声で歌を歌う」「クタクタになるまでスポーツをする」といったアクティブな動きが効果的だと思います。

そのとき、「相手が悪い」「あやまってほしい」と考えながらやっていたのでは効果がありません。

「これで毒気を出し切ってすっきりするぞ！」と気合いを入れて、心身の気を根こそぎ入れ替えましょう。


かくいう私も、以前は怒りをうまく出せませんでした。

告白 2

『私はSOSを発信していた』

どんなに頭にきても、面と向かって相手に文句を言えません。そういうときは、ひとり部屋にこもって、よくひとりごとを言います。

「どうして私のことをわかってくれないの、ムカつく！」

「気にかけてもくれないなんてひどい！」

「私がどんな気持ちでいるかなんて、どうせ考えてないに決まってる！」

言っているはなから悔し涙があふれ出すこともしょっちゅうです。

でも、あの日は違いました。

頰を伝う涙は、悔し涙でも、怒りの涙でもなかったんです。

「本当はもっとやさしくしてほしかった……私のことをもっと大事にしてほしかった……。だけどそうしてくれなかったから、悲しい！」

心が泣き叫んで、悲しみの涙の粒がポロポロこぼれ落ちました。私は怒ってたんじゃなくて、本当は悲しくて悲しくてたまらなかったんだ……。

そのまましばらく、子どものように泣きじゃくりました。

大泣きをしたことが功を奏したのか、気が抜けたようになりました。そして、心がシーンと静かになったんです。

「悲しいだけなら、悲しい涙を流せばすむ。泣けばラクになる。これからは怒りを誤魔化さないで、悲しいって思い切り泣こう」……そう思いました。

★自分に〝劇的な変化〟を約束する「セルフヒーリング」術

怒りは〝感情のフタ〟と言われます。

あなたが怒りの下に封じ込めている感情はなんでしょうか。

さみしさ？　悔しさ？　みじめさ？……

それをどんどん掘り下げていくと、最後は「悲しみ」にたどり着くと思います。

もしかすると、**溜め込んだ怒りの正体は、「こんなに悲しんでいる私の気持ちをわかって！」というSOSなのかもしれません。**

あなたが感情のフタを開けて、だれにもわかってもらえなかった悲しみを見つけたら、そっとすくい上げて両手のひら

で温めてあげましょう。

そのとき、自分に詫《わ》びたいような気持ちが、ふと湧き起こるかもしれません。

悲しみに耐えていたことに気づいてあげられなくて「ごめんなさい」という感情が生まれたのです。

怒りからは、苦しみや憎しみしか生まれませんが、悲しみを抱きしめると〝小さな温もり〟が生まれることがあります。

それがきっと、悲しみ震えるあなたの心を癒してくれるでしょう。


この温もりは〝自愛〟です。

自愛は、いつどんなときにもあなたの心にあります。

悲しみを受け入れて小さな温もりに心をゆだねて、傷ついた心を癒しましょう。

それが怒りから立ち直る最短の方法だと思います。


そのことにようやく気づいた私の告白を聞いてください。

告白 2

『悲しみは、すれ違った心を向き合わせてくれます』

頭にくることがあると、「怒りの奥にある悲しみを感じよう」と思って悲しみに浸るようにしました。

するとなぜか、心の中に慈悲深い〝もうひとりの私〟が現われて、「よしよし、わかった。もう大丈夫だから」と慰めてくれるような気がしたんです。

怒りを〝野放し〟にするといつまでも心がヒリヒリ痛むけれど、その奥の悲しみに目を向けると心が早くラクになることを知りました。

私は、いまだに胸が傷む〝過去の怒り〟を慰めたい。そこにある悲しみを見つけて過去の傷を癒したい……と思いました。

そのつもりで過去の出来事を振り返ると、くすぶっていた怒りの陰にある悲しみが手に取るようにわかりました。

たとえば恋人に待たされて怒り出したのは、自分が軽んじられたと感じて悲しかったから……。仲間にのけ者にされて怒ったのは、自分が嫌われたと思って悲しかったから……。

省みられなかった悲しみをすくい上げて、過去の怒りをひとつずつ解放していきました。


今は頭にきて我を忘れそうになると、大急ぎで心のフタを開けます。奥にある悲しみを見つけてすくい上げると、怒りがスーッと収まってきます。

もう、以前のようにふてくされたり、相手を責めたりしなくてすむのでひと安心。

相手に気持ちをわかってもらいたいときは、素直に「今悲しい……」と伝えます。

怒りをぶつけるのとは大違い。そこから対話が生まれて、心がすれ違ってしまう前になんとかできるようになりました。

★〝心の許容量〟を広げる一番いい方法

頭にきたら、怒りの下敷きになっている感情に目を向けましょう。

そこに隠れているどんな小さな悲しみでも、それを見つけて心をゆだねましょう。

悲しいことをいやがってどうにかしようと思わず、悲しみをただ悲しみとして感じ切ることです。

感じ切ると、心に〝純粋な哀れみ〟が湧いてきます。

純粋な哀れみは、いとしく不憫《ふびん》に思う気持ち。それは〝愛〟にほかなりません。

もし、ムカムカして悲しみを感じるなんてとてもできないというときは、〝想像する〟方法を試してみてください。

怒りをちょっと横において、相手の気持ちに成り代わってみるのです。

「相手は私を怒らせたことをどう思っているだろう?」

「私が相手の立場だったら、今何を一番伝えたいと思うだろう?」

もしかすると、相手はあなたに対して怒っているのではなく、あなたにわかってもらえないことを悲しんでいるだけかもしれません。

それに気づいてほしくて、必死にSOSを発信しているかもしれないのです。

相手の痛みを察しようとしてする想像は「善意に満ちた想像」です。

それは、「自分は正しくて、相手が間違っている」という見方をしないこと。どちらが正しいかではなく、相手がどんなに傷ついているかを想像することなのです。

「善意に満ちた想像」をすればするほど、あなたの怒りは溶けていくでしょう。

怒りが溶けるのは、相手の悲しみに触れてあなたの心に〝純粋な哀れみ〟が湧きあがった証拠なのです。

もう一度言います。純粋な哀れみは〝愛〟です。

愛に心をゆだねることができたら、救われるのはあなた自身なのです。

第4の扉

〝自信〟がどんどん湧いてくる

——〝明日の私〟がもっと輝く新習慣

告白 1

『恋人にとてもヤキモチを焼いてしまいます』

私は自分でも嫉妬《しっと》深いほうだと思います。
でも、恋をすれば、だれでもそうなるのではないでしょうか……。

たとえば、彼が私には興味のないスポーツ観戦に夢中だと、なんだか自分が取り残されたような気がしてさみしくなるんです。

そんなときは、わざと彼の気を引くようなことをして邪魔したり、プイとすねて見せたりします。

彼が楽しそうに電話してると、相手が男友だちでもジレてしまいます。ましてやきれいな女性とうれしそうに話すところを見たら、たぶん冷静ではいられなくなると思います。


本当はめちゃくちゃ不安なんだと思います。

私は容姿も十人並みだし、特別な魅力が何もないから、彼の心をつなぎとめておく自信がありません。

彼がどんなに愛してると言ってくれてもダメです。

今は愛してくれても、いつ捨てられるかわからないって思っちゃうから……。

嫉妬深い自分なんて、ちっとも好きじゃありません。
でも、瞬間的に湧きあがる感情を止めようがないんです。

・・・・・・・・・・・

★「うらやましい！」は、「新しい自分の魅力」が生まれる前兆

恋をすると、必ずと言っていいほど味わう嫉妬心。そのときは気がつかなくても、『妬む気持ち』は、心をえぐるように傷つけます。

妬みやすい人は、それだけ傷つきやすいと言えるでしょう。

妬むと心の中でどんなことが起こるのか、あなたの恋人が心変わりしたと仮定して考えてみましょう。

恋人が心変わりしたときにあなたが責めるのはだれだと思いますか?

心変わりした恋人ですか?

恋人の心を奪った相手ですか?

それとも、他人に恋人を奪われた自分?

自分に自信がないと、「飽きられたに違いない。私に魅力がないからだ」と自分を責めてしまいがちです。自分を攻撃すれば心は傷つきます。

ほかの人を攻撃しても、怒りを爆発させるわけですからやはり心は傷つきます。

そこには「妬んで〝いやな連想〟をする自分」しかいないからです。

恋人の心変わりはあなたに妬むきっかけを与えましたが、あなたが深く傷つくのは〝いやな連想〟に取り込まれて自分を追い込んでしまうためなのです。


妬みを感じたら、直ちに〝いやな連想〟をやめましょう。

そしてその場で、自分が「ほしいけど手に入らない」と思っている〝本当にほしいもの〟を胸の奥に探してください。

「本当は○○がほしい。でも手に入らないからもういい！」というひねくれた感情が潜んでいませんか。それが嫉妬心をエスカレートさせているのです。

あなたにとって○○は、「誠実さ」かもしれないし、「思いやり」かもしれないし、「もっと甘えたい」という気持ちかもしれません。

それを探し出して、ちょっと気恥ずかしくても、多少かっこ悪くても、「私に○○をください」と相手に素直に心を開きましょう。

そうすれば、それは手に入るかもしれないのです。

『妬む気持ち』を憎まないで味方につけると、それが逆に〝本当にほしいもの〟を教えてくれます。

それがわかれば、あなたは好きな人ともっと親密になれて、よりいい関係を築くことができるでしょう。

自分の気持ちに気づいたDさんの告白です。

告白 1

『嫉妬の扱い方がわかってホッとしました』

自分が〝本当にほしいもの〟を必死になって探しました。

本当にほしいものは〝自信〟です。

自分にもっと自信を持ちたい！

もし彼に「私にもっと自信を持たせて」とお願いして、それが叶ったらどんなにいいだろうと思いました。

勇気を出して自分の気持ちを打ち明けると、彼は「喜んで協力する」と約束してくれたんです。


ふたりで話し合って、〝流れ〟を決めました。

まず、私が「あの子にヤキモチ焼いちゃった」と正直に伝えます。すると彼が「君には、彼女にはない君だけの魅力があるんだよ」という調子で助け舟を出してくれます。私はそれを素直に聞いて「ありがとう。もう大丈夫」とお礼を言います。

こんなことをくり返すうち、私は私なのに、しだいにヤキモチに振り回されなくなっていったんです。

今は彼に頼らなくても、自分の内面に語りかけてなんとか気持ちを切り替えられるようになりました。

以前は「彼を愛しているから妬ける」と思っていましたが、真実は「自分に自信がないから妬ける」だったんですね。

嫉妬深い私にあきれないで助けてくれた彼をますます好きになりました。うれしいのは、彼を好きだという気持ちにやっと自信を持てるようになったことです。

★その愛をもっと深めたいあなたへ――

「ヤキモチを焼く姿はかわいいもの」などと油断していると、ヤキモチはあっという間にあなたをモンスターに変えてしまいます。

ちょっとだけスネて見せるつもりが、収まりがつかなくなって、〝全然かわいくない女性〟になってしまうことがあるからです。

今付き合っている人と人生をともにしたいと望むなら、どんな妬み心も〝野放し〟にしておかないほうがいいと思います。

『妬む気持ち』が頭をもたげたら、虚勢や意地を張らず、プライドを捨てて素直になりましょう。

そうでないと、ひとりで物事を複雑にしてふたりの時間を台無しにしかねません。それを避けようと〝なんでもない振り〟をしても、心の中は苦しいだけだと思います。

妬みから自由になるために必要なものは『自分を信じる気持ち』です。

自分を信じる「自信」をよみがえらせましょう。

自信は、何かに成功したから生まれるわけではありません。何かを成し遂げようと決意したときにみなぎってくるものなのです。

だから、あなたが「自信はないけどやるっきゃない！」とハラを決めれば、そのとき心には〝やり遂げる自信〟がみなぎってきます。

〝成功するチャンス〟は、やり遂げようとしたときにはじめて手に入れることができるのです。

『自分を信じる気持ち』の大切さはここにあるのです。

さあ、「私はこの妬みから自由になる！」と一大決心しましょう。

次は、恋愛以外の妬む気持ちに苦しむ女性、Eさんの告白です。

告白 2

『自分よりも恵まれた人が妬ましい』

私の悩みは、人の幸せを素直に喜べないことです。

自分より仕事がデキる人やラッキーな人がうらやましい……。

本当は、うらやましいを通り越して妬ましい……。

たとえば、同僚が上司からほめられていると、その同僚をどんなに好きでも、やっかんでしまいます。


また、自分よりモテる人も妬ましい。

友人が「彼氏ができた！」とうれしそうに話してくれたとき、口では「そう、よかったね」と言いながら、内心はおもしろくありませんでした。


自分はどうしてこんなに妬みっぽいのかと悲しくなりますが、たぶん、恐ろしく劣等感が強いせいだと思います。

正直言うと、デキる人と一緒にいるだけで、劣等感に打ちのめされて立ち直れないくらいシュンとなっちゃうんです。

だから、どうしてもデキる人の幸せを喜ぶことができません。

★「みんな違ってみんないい!」——魅力的な女性は〝自分のものさし〟を持っている

あなたは内心、「劣等感は必要ない」「余計な競争はしたくない」と思っているのに、気がつくとまた自分と人を比べている……ということはありませんか?

どうしてそんなことが起こるのでしょうか?

それは「他の人と比較して自分の価値を計るクセ」が身についているからです。

このクセを意図的にやめることができたら、たとえ人に負けても、人より劣っていても、あなたの心は傷つかないでしょう。

あなたは他の人と比べられるためでなく、あなた自身を生きるためにここにいます。

あなたと同じ人間は、この世界にふたりといません。

ひとりひとりが違っているのは、それぞれが〝唯一の自分〟に目覚めるためです。

唯一の自分を慈しみ、持って生まれたものを生かすためです。

それがひとりひとりに与えられた役割なのです。

妬みから脱したEさんの告白です。

告白 2

『人と比べるのをやめたら景色が変わりました』

「みんな役割が違うんだから、自分の個性を生かすも殺すも自分しだい」と人に言われて、はじめは正直戸惑いました。

自分にも役割があるなんて考えたことがなかったから。

特に「自分しだい」という言葉がチクリと胸を刺しました。

以前から「自分を生かしたい」と思ってはいたけど、「どうせ、たいしたことはできっこない」とあきらめかけていたからです。

それで結局人をやっかんで〝ないものねだり〟に陥っていたんだと思います。

私は「もう一度、自分を信じる努力をしよう」と決意して、自分が信じられることを探りました。

最初に「私はどんな仕事も楽しんでできる」と信じて、与えられた仕事を一生懸命やるようにしました。

次に「私は人の幸せを心から応援できる」と信じて、どんな人とも笑顔で心を割って話すようにしました。

それをいつも心に留めて動いていたら、人を妬んでウダウダ言う自分が消えていったんです。


一番の変化は、劣等感が薄らいだこと。

これまでは、自分に恵まれたものを認めようとしなかったから〝自分らしさ〟にも気づけなかったんですね。

「ひとりひとりの違いが、ひとりひとりに与えられた宝物」と今なら言えます。

★自分の〝最強のサポーター〟になろう

人のことを思わず妬んでしまうときは、自分がちょっと自信をなくしているときかもしれません。

そんなときは、自分にエールを送って外側に向いている意識を内側に戻しましょう。

「妬んでいる気持ちは受けとめたよ。だからもう人のことは放っておこう。そんなことより、自分の力を出し切ろう！」

あなたは必ず自分の力を出し切ることができます。

〝自分の力〟とは、愛でも、才能でも、情熱でも、自分が持っているものの力。それを完全燃焼させて生きていったら、満足して生きていくことができます。

そのためにも、自分を信じて最後まで応援する気持ちを持ちましょう。

私は自分がつい妬んでしまったときには、自分の心にあやまります。

「妬ませちゃってごめん！　妬むのは愛が足りない証拠だね。もっと自分を慈しみます。愛します。一生懸命応援します！」

これが〝ワタシ流〟のエールです。

あなたの心は、人に負けて傷つくわけではありません。あなたが見捨てると傷つくのです。

自分を見捨てないということは、自分を信じて立ち上がるということ。

せっかく信じるなら一〇〇パーセント信じてください。

自分を信じると、内側から「これをやりたい！」という想いが突き上げてきます。

それを〝アナタ流〟のやり方でやり抜きましょう。

第5の扉

自分がたまらなく好きになる

——毎日が「いいこと」でいっぱいになる!

もしもあなたが、大切な人から「あなたなんて大っ嫌い!」と言われたら、とても心が傷つくと思います。

それと少しも変わらないことを、自分が自分にしていることに気づいていますか。

それが〝自己嫌悪〟です。

まさかあなたは、自分のことがどうでもよくて「こんな自分、大っ嫌い！」とそっぽを向いているわけではないはず。

実は、自分のことが心配で心配でたまらないから、本当は、好きで好きでたまらないからそんな態度を取ってしまうのでしょう。

別の人に置き換えて考えてみるとわかりやすいかもしれません。

あなたの目の前に大好きな友人がいます。

彼女は「私なんてたいしたことない」と言うのが口癖で、自分の魅力をまったく認めようとしないのです。何度言っても自分から輝こうとしません。

そんな彼女がじれったくなって、あなたは叫びました。

「もう、○○（彼女の名）なんて大っ嫌い！」

では、今度はそこにあなたの名前を入れて叫んでみてください。

自己嫌悪とは、自分から輝こうとしない自分にじれてなげくことなのです。

でも、自己嫌悪には救いがあると私は思います。

思い通りにならない自分になげいているだけで、自分には興味津々だからです。

もしもあなたが長いあいだ自己嫌悪と戦ってきたとしたら、ピリオドを打つときがやってきました。


ひとり目は、自己嫌悪の塊という女性、Fさんの告白です。

告白 1

『自分の何もかもが嫌いです』

気に入らないところをあげたらキリがありません。

まず顔。目も鼻も唇の形も嫌いです。

両親の顔を見ると、不細工なところがそっくりでいやになります。

体型もイマイチ。いろんなダイエットに挑戦しても、あっという間にリバウンドしてなかなか痩せられません。


友だちに話したら、「十分かわいいのに、どうしてそんなに悲観するの。あんまり自分のことを嫌ってると心まで不細工になっちゃうよ」って、からかわれました。


でも……もう手遅れかもしれません。

私の心は、もう不細工になっているような気がします。

めめしくて、ひがみっぽくて、「私はどうしてこうなの。なにやってんの！」と自分を責めてばかりいるからです。


だけど、本当はこんな自分のままで人生を終わりたくはありません。

このまま人生をあきらめたくはありません。

どうしても幸せになりたいんです。
でも、どうやって自分を好きになればいいのかわからなくて、ひとりになると泣いてしまいます。

★まずは一週間「プラスのこと」だけ考えてみる

自分の生まれや容姿や才能を、「こんなんじゃなければよかった……」となげいたことは、たぶんだれにでもあると思います。特に思春期はそれが激しいものです。

でも、何かを嫌悪するということは、イコール否定するということ。否定してその価値を認めないということです。

だから、もしあなたが自分を嫌えば、自分を否定して生まれてきた価値を認めないということになります。

そんなことをすれば、自分が生まれてきた意味がわからなくなるのは当然です。

もしかしたら、あなたは大きな勘違いをしているかもしれません。

生まれや容姿や才能は〝人生の素材〟に過ぎないのに、それが幸不幸のすべてを決めると思い込んでいませんか？

人生の素材は、いわば〝教材〟です。その教材を生かして「最高のパフォーマンス」をすることが、あなたの生涯の仕事です。

それぞれの教材には、与えられた目的があります。

たとえば、〝生まれと容姿〟は「受け入れる」ために与えられました。

〝才能と心〟は「磨く」ために与えられました。

そうとも知らず、目的を果たそうとしなければ、葛藤が生まれて苦しみがはじまります。

「生まれと容姿を受け入れよう」「才能と心を磨こう」と決めてください。その瞬間から、あなたの心は強く、ブレなくなると思います。

「最高のパフォーマンス」をするコツをお伝えします。

それは〝大肯定〟に尽きます。

持って生まれた人生の素材、不幸に思っていたこれまでの体験、それらを全部肯定するのです。

「何もかもこれでよかった！」と全部肯定するから〝大肯定〟です。

あなたの人生に用意された教材は、あなたの成長に最適なものばかりです。なぜならそれは、生まれる前に自分が計画したことだから。

急にそんなことを言われても信じられませんか？

信じられなくても、今は自分を嫌悪する代わりに、大肯定することに気力を振り絞ってください。

心のギアを「否定」から「肯定」に入れ替えるとどんな変化が生まれるか……それをぜひ体験してほしいと思います。

Fさんの告白の続きを見てみましょう。

告白 1

『私はこの私でよかったと思えるようになりました』

家庭環境や容姿や才能を、生まれる前に計画したと考えることは、すぐには受け入れがたいことでした。

でも、もし仮にそうだとしたら、自分がつらい思いをするのを承知で望んだ〝成長〟とは何かを、どうしても知りたくなったんです。

それで、とにかく〝大肯定〟してみようと思って、頭の中を朝から晩まで「自分を肯定する言葉」で埋め尽くしました。

自己嫌悪の言葉が浮かんだらすぐに退《しりぞ》け、〝本来の計画の意図〟に思いをはせました。

そんなある日、心の奥で〝何か温かいもの〟がフワッと生まれたような感覚があったんです。

それはまるで春の日差しを浴びて溶けていく雪のように、心に張り詰めていた氷を溶かしはじめました。

パアッと視界が開けて、目に飛び込んでくるものがキラキラと輝いて見えました。

自分が生きている、いいえ、生かされていることが心の底からありがたく、言葉にならないほどの感謝の気持ちで胸がいっぱいになりました。

それ以来、「私はこの私でいい」と思えるようになったんです。今では、あんなに嫌っていた自分をいとしく感じます。

★「ないもの」ではなく、「あるもの」をひとつずつ数えてみる

心の〝豊かさ〟や〝貧しさ〟に基準はありませんが、もしかすると**「自分の豊かさを実感できない」ことが貧しさなのかもしれません。**

そんな貧しい心でいると、自己嫌悪がついてまわります。

あなたもFさんのように「仮にそう思う」だけでもかまわないので、一度自分にあるものを〝大肯定〟してみてください。

《足るを知る》という言葉を聞いたことがあると思います。

この言葉は、ある分だけで「ガマンしなさい」と言っているのではありません。自分がいかに恵まれているかに気がつけば、自然と感謝できるようになる。そういう気持ちで「満足して生きる」ことが本当の幸せなのだと教えています。

自分がいかに恵まれているかを決めるのは、モノではなく、あなたの心です。

あなたが自分にあるものを「否定」から「肯定」に変えれば、人生に対する見方が一変して、きっと《足るを知る》ことができるでしょう。

自分を大肯定して、今ある人生を丸ごと受け入れましょう。

これこそが、自己嫌悪を終わらせるヒケツです。

身近なことからひとつひとつ肯定していって、最後に人生丸ごと、大肯定できるようになればいいのです。

焦ることはありませんから、「これでいい。この自分でいい。いや、この自分だからいい！」と粘り強く心に命じてください。

あなたが「この自分だからいい」と命じるたびに、潜在意識はその根拠を探します。それが行動を変える力を生むのです。

もうひとりは、他人を嫌悪する男性、Ｇさんの告白です。

告白2

『口うるさい上司とうまくいきません』

政治家とか有名人とか、テレビで勝手なことばかり言う人を見るとムッとします。

特に、上から目線で偉そうにモノを言う中年男性は大嫌いです。

僕は、父親と同世代の男性とどうもそりが合わないみたいです。

今の上司がまさにそういうタイプなので困ってしまいます。

何かしようと思うと必ず細かな指示が飛んできます。すごく口うるさくて、どうして自由にやらせてくれないのかと思いますよ。

僕はなんでも自分で試して納得したいほうなので、こういう上司は苦手です。

その上、口うるさい上司のまわりには必ずイエスマンがいますよね。何を言われても「はい、はい」って取り入るのがうまい人間です。

そういえば、弟にもそういうところがあって、父親の機嫌を取るのがうまかったな……。

要領のいいやつは、腹の中で何を思っているかわかりませんから、基本的に信用しません。

とは言っても、目の前で要領のいいやつが上司に気に入られてうまくやっているのを見ると、やっぱりやりきれない気持ちになります。

★他人は、心の内面を映し出す〝スクリーン〟

私たちの心には巨大な映写機が内蔵されていて、そのときどきの自分の気持ちを、スクリーン代わりに人物や物事に映し出します。

しかもその作業は、朝から晩まで休むことなく行なわれます。

これを『投影』と言います。

『投影』は少しも珍しいことではありませんが、無意識に行なわれるためにだれも気づかないだけなのです。

たとえば、〝真っ赤な夕日〟を目にしたとき、あなたはどんなことを感じるでしょうか。

「元気が湧く」「さみしさを感じる」「癒される気がする」……など、見る人によって感じることは違うと思います。

同じ人でも、日によって感じ方が違うかもしれません。

これは、その人がそのとき心にある感情を夕日に投影して見るためです。

もう一例、〝不運な人〟を目《ま》の当たりにしたときを考えてみましょう。

「胸が痛む」「同情する」「自分の不運が慰められる」……など、不運な人に自分を重ねて見るのか、知人を重ねて見るのか、その知人を自分が好きか嫌いかによっても印象は変わります。


Gさんは、父親のことでかなり心が傷ついています。

「口うるさい」「自由にさせてくれなかった」という記憶が強く刻み込まれていて、いまだに尾を引いているようです。

それで〝偉そうにものを言う中年男性〟を見ると、無意識に父親を投影して苦手意識を持ってしまうのでしょう。

上司とうまくやっている同僚には、弟への感情を投影しています。

もしあなたに激しい「自己嫌悪」があると、その感情はさまざまな相手に投影されて、「他者嫌悪」という形で表われることがあります。

たとえば、自分のいやな部分をそっくり持っている人を毛嫌いしたり、遠ざけたり、非難したりするようになります。

もし「自分はどうしてこの人が苦手なんだろう」「なぜ避けようとするんだろう」と感じたら、投影している気持ちがないか心の中を探ってみてください。

そして、過去のいやな出来事にまつわる〝思い込み〟を発見したら、「この先入観は必要ない！」と払いのけましょう。

〝思い込み〟が真実をゆがめて映し出していることが多いからです。

先入観を払いのける作業を地道に続けていくと、ネガティブな感情を投影して不快に感じることも、苦手意識を持つ人も減っていきます。

あなたが投影するのは、ネガティブな感情だけではありません。

好き、うれしい、美しいといったポジティブな感情も、同じように投影してまわりを見ています。

あなたは、自分の中にない気持ちを人やモノに投影することはできないのです。

痛みを知っているから相手の痛みを察することができて、感動の喜びを知っているから相手の喜びに共感することができるのです。

心の幅を広げることは、その意味でもステキなことだと思います。

『投影』に気づいたGさんの告白です。

告白 2

『先入観を捨てたら、新しい世界が現われました』

心理学の本をむさぼり読んで〝投影の法則〟を知りました。

まさに、目からウロコでした。

父と同世代の男性を、自分は〝色メガネ〟で見ていたんですね。

それどころか、父そのものを〝分厚い色メガネ〟で見ていたのかもしれないと思いました。で、思い切って尋ねてみたんです。

「子どものころ、どうして俺にだけあんなに口うるさかったんだ」って。

「うん、お前は長男だからな。お前がしっかりすれば一家は安泰だ」と言いました。

父なりの考えがあってしていたとは……。

自由にさせてくれなかった父に反発したように、僕は上司にも反発して勝手に孤独を感じていた……と思いました。

もう、余計な感情を投影して孤立するのはよそう。

不満を「ごめん」＆「ありがとう」に変えようと自分に誓いました。

まず父に対して「気持ちを解せなくてごめん」＆「真剣に考えてくれてありがとう」と思ったんです。なんだか気分が晴れ晴れしました。

気をよくして、今度は上司に対して「いたらなくて申し訳ありません」＆「見守ってくれてありがとうございます」と思ったら、モリモリやる気が湧いてきました。

そうしたら職場の雰囲気がよくなったんです。

自分が変わったことで、きっと相手が自分に投影する気持ちが変わったんだと思います。

★「ありがとう」は、人生に〝プラスの循環〟を起こす魔法の言葉

心に巣くっている「もっとこうしてほしかった」という不満を切り替えると、どんな気持ちが芽生えると思いますか？

不満を「ごめんなさい」に切り替えると、「ごめんなさい、私が欲張りでした」という反省の気持ちが生まれます。

不満を「ありがとう」に切り替えると、「これだけでも十分ありがたい」という感謝の気持ちが生まれます。

『感謝する気持ち』は、幸せの源泉です。

幸せの泉が枯れないように、何を見ても、だれに対しても、「ありがとう」と素直に言える自分になりましょう。

そんな自分になるために、今日出会う人の中に、進んで〝輝き〟を見つけるよ

うにしませんか。

たとえば、ある人が「親切な人だな。やさしさが輝いてる」と思ったら、そのときあなたは自分のやさしさを投影して見ています。

「誠実さが輝いてる」と思ったときは、実直さを投影して見ています。

あなたが人の中に見る輝きは、いつもあなた自身の輝きなのです。

〝投影の法則〟が働くのは、人物だけではありません。

どんな感情を投影して身に降りかかった出来事を眺めるのか。それによって、自分が幸せに生きられるかどうかが決まるのです。

苦しい出来事をひとつひとつ乗り越えていくたびに成長できる。ありがたい！と思って『感謝の気持ち』で物事を受けとめられるようになれば、災難は決して不幸の種にはならないと思います。

どんな苦しみにも、悲しみにも、感謝できる心の強さを養いましょう。

もう一度言います。

自分を大肯定するということは、自分に関わる人物や物事、すべてを笑って受け入れるということです。

すると、自然に「お陰様で」という感謝の気持ちが生まれてきます。

あなたから「ありがとう」と言えば、「こちらこそありがとう」と言う言葉が返ってくるようになるのです。

互いに感謝し合い、笑顔で生きられる世界をあなたから築いてください。

第6の扉

人生がもっと「ときめく」心理術

――「なりたい自分」になるのはこんなに簡単

あなたはちょっとしたことで〝失望〟しやすいほうですか？
すぐ落ち込んで、迷路の中でもがいてしまうほうですか？
前を向いてハツラツと生きていくために、〝希望〟は絶対に必要です。
それなのに希望は指のあいだから簡単にこぼれ落ちて、たちまち心を〝失望〟

させます。

仕事でも恋愛でも「こうなったらいいなぁ」と真剣に願っていることがあると、あれこれ想像して胸が高鳴りませんか。

私たちは何かを期待したり夢を抱くと、ときめきを覚えます。

その代わり、期待がはずれたり夢を踏みにじられると、失望します。

「期待」と「夢」は、希望を支えると同時に失望の原因にもなっているのです。

必要なのは、「〝失望しない〟期待の仕方」と「〝失望しない〟夢の抱き方」をマスターすることなのです。

まずは「〝失望しない〟期待の仕方」から考えましょう。

私たちが日常的に抱く「期待」をあげればキリがありません。恋人への期待、家族への期待、会社への期待、美食への期待、金運への期待……などなど。

こうした期待がひとつでも「はずれる」とがっかりします。

それで落ち込んだり頭にきたという体験は、あなたにもあると思います。

そもそも「期待」とはどういう感情なのでしょうか。


かつての私の告白から聞いてください。

告白 1

『愛していれば、期待して当然でしょ』

私は主人と出会って十年後に結婚したのですが、付き合いはじめて二年くらい経ったころでした。

「もう疲れた。これ以上期待されても僕には応えられない」と彼が言い出しました。

私は耳を疑いました。彼はとてもやさしかったし、ふたりはケンカもしないでうまくやっていると思い込んでいたからです。

理由を尋ねると、「私に機嫌よくしてほしいから、期待に応えようと思ってがんばったけど、なんだか自分がコントロールされているような気がしていやになった」と言うのです。


コントロールされることがどれほどいやなものか、頭ではよく理解しているつもりでした。

「私はコントロールなんかしてない！」と思わず叫びそうになった言葉を呑み込んでこう言いました。

「恋人に期待したらいけない？　互いの期待を満たし合うのが恋人同士でしょ。いやなことはしなければいいのよ！」

すると彼はすかさず、「ほら、不機嫌になった」と言って私の顔を見ました。

ドキッとしました。

期待という耳当たりのいい言葉で自分の要求を押し付けて、応えてくれなければ不機嫌になる……そんな自分にようやく気づいたんです。

★「求めない」ということ

人は事故などで突然家族をなくしたとき、「自分がしてもらえなかった」ことより、「自分がしてあげられなかった」ことを後悔すると言います。

私たちは、大切な人にもう会えなくなると、自分がやさしくしてもらえなかったことより、自分がやさしくしてあげられなかったことを悔やむのです。

これこそが本当の愛です。

「〜してもらいたい」は、相手に「期待する」気持ちです。

「〜してあげたい」は、相手に「尽くす」気持ちです。

期待する気持ちの中に、残念ながら愛はありません。

期待は、あくまでも〝自分にとって都合のいい結果〟を考える私欲です。

私欲だから、期待がはずれると失望して機嫌が悪くなるのです。

失望しない方法はひとつしかありません。

人と関わるときにこの私欲を捨てることです。

〝自分にとって都合のいい結果〟を当てにしない。見返りも求めない。

もしあなたがはなから人に期待しなければ、期待がはずれることもありません。

でも、何も期待しないなんてむずかしいと思いますか？

では、こう考えましょう。

たとえあなたが「〜してもらいたいな」とふと甘い期待を抱いたとしても、その感情にいっさいとらわれなければＯＫです。

これが「〝失望しない〟期待の仕方」です。

結果に執着しなければ、純粋に相手を応援することができるでしょう。

あなたが行動する目的を「尽くす」ことに絞るのです。

無欲で相手を応援すると、心に愛が芽生えます。

心が愛でいっぱいになれば、どんな結末になろうとも、もうあなたが失望することはありません。相手を責めたり、後悔したり、それ以上応援しなくなるということもありません。

そのときあなたは気づくでしょう。

幸せは期待して与えてもらうものではない。何も期待しないで尽くせることが幸せなのだと――。

期待をやめた私の告白です。

告白 1

『相手を幸せにすることを忘れてました』

私は大事にされていたことに胡坐《あぐら》をかいて、ずいぶん欲張りになっていました。

いつのまにか彼を理想化して、彼の人生を自分のもののように勘違いしてしまったんです。とても傲慢《ごうまん》になっていたと思います。

彼を失いかけて、人を愛するとはどういうことかを真剣に自問する日々が続きました。

そこで思ったことは「愛は理屈じゃない。実践あるのみ」ということです。

私はふたつの目標を立てました。

ひとつは、あるがままの相手を受け入れること。

まず「相手に期待しない」ことを本気で実践しました。

彼の隣にいて、彼の考え方や人柄を世界で一番理解する人間になろうと思ったら、以前よりずっと「聴く」ことが上手になりました。

もうひとつは、相手をだれよりも尊重すること。

「人生の夢」から「今何を食べたいか」まで、彼の気持ちを大切にしました。

自分が犠牲になるんじゃなくて、いつも喜んで寄り添えるように自分に尋ねました。

「相手を幸せにするために、私が今喜んでできることは何？」

こうやって私は少しずつ信頼を取り戻していったのです。

★「人生をときめいて生きる」ための3つのステップ

《自分が本当にほしいものは、もらう側ではなく、与える側に立つと手に入る》と言います。

私たちは本気で人を愛そうと努めたとき、本気で自分を愛し育てることができるのかもしれません。

その結果として、愛ある人生も、ときめく人生も手に入れられるとしたら、これほどやりがいのある人生の仕事はないと思います。

でも、勘違いしないでください。

「ときめく人生を生きる」ことと「人生をときめいて生きる」ことは違います。

あなたは〝ときめく人生〟を探していませんか?

それはどんなに探しても見つからないし、だれも与えてくれないでしょう。

〝ときめく人生〟は、あなたがときめいて生きた証として得られるものだからです。

〝愛される人生〟も同じです。本気で人を愛した証として、自分もまた愛される人生を生きられるようになるのです。

〝ときめく人生〟がないとなげく前に、自分から「人生をときめいて生きる」ことに死力を尽くしましょう。

「人生をときめいて生きる」ための三つのステップを提案します。

①相手を幸せにするために、自分に何ができるかを一生懸命考える。
②相手が幸せになることを願って、考えたことをひたすら実践する。
③相手の幸せのために、自分が力添えできることを大いに喜ぶ。

その相手は、個人でも団体でも、またあなたの家族でも、社会の片すみで助けを求めている人でもかまいません。

私欲なく人のために尽くす喜び――その喜びに目覚めたときから、あなたの人生は大きく変わると思います。


喜びは、ときめきの代名詞です。

あなたは喜びに目覚めたときから、ときめいて生きられるようになるのです。

でも、はじめは努力が必要です。

努力するうちに、めくるめく〝ときめき〟を感じられるようになれば、努力が努力でなくなって、創意工夫が生きがいに変わるでしょう。


次は「〝失望しない〟夢の抱き方」です。

「夢」が破れて失望する女性、Hさんの告白を見てみましょう。

告白 2

『お金とチャンスがなくて夢を叶えられません』

疲れた現代人の心と体をアロマセラピーで癒したい。

エッセンシャルオイルに凝縮された、植物が持つ偉大な力を伝えたい。

いつの日か、それを提供する自分のサロンを開きたい……。

そんな夢を追いかけてすでに三年過ぎました。

最初は、専門技術を習得するために会社勤めをしながら学校に通いました。

一年前からは、知り合いのサロンで働くようになったんですが、ここへきてちょっと息切れしています。

独立するには、何より多額のお金が必要です。

自分の貯金だけではまるで足りないし、スポンサーもいません。

仮に借金できてサロンを開いたとしても、もしお客さんが集まらなかったらたいへんなことになります。

そんなこんなで気力がなえてしまって、夢を半ばあきらめかけています。

このごろストレスで手が荒れたり、わがままなお客さんにムッとすることも多くて、自分はセラピストなのに何をやっているんだろう……と思うと情けなくなります。


もし、ここで夢をあきらめたら、何を楽しみに生きていけばいいんだろう……。

そう思うと出るのはため息ばかりです。

先輩は「夢はあきらめなければいつか叶う」と言って励ましてくれますが、そう言われても夢を叶える手立てが見つからなければお手上げです。

★「絶対に夢を叶える」私の方法

だれの胸にも大切に秘めている夢が、何かひとつはあると思います。

それは幸せな結婚をすることかもしれないし、仕事で成功することかもしれません。自分のお店を開くことや、その道のプロになることかもしれません。

あなたにはどんな夢がありますか？

夢を叶えることはそれほどたやすいことではありません。

たやすくはないからこそ達成する価値がある、というのが夢なのです。

でも、もし絶対に不可能なことならば、あなたはそれを夢にはしないでしょう。

ということは、**あなたの夢を叶える方法は必ずある**ということです。


一度壁にぶつかったくらいで、失望することに余力を費やさないでください。

あきらめる口実を探そうとしないでください。

いっとき目の前から希望が消えても、人生が消えたわけではありません。失望した体験を、もっと奥深い意味のある体験として捉えましょう。するとそこから「〝失望しない〟夢の抱き方」が見えてきます。

最初に、失望する気持ちの根っ子にある不満を調べましょう。

Hさんの場合は、「資金がない」「スポンサーもいない」「サロンを開けない」「お客さんを確保できない」といったことです。

そこで「もし、オセロのように全部ひっくり返って夢を叶えることができたら、自分はどんなことが一番の喜びになるだろう?」と想像してみます。

Hさんは「施術《せじゅつ》した人が元気になって笑顔を取り戻すこと。それが自分の真の夢だ」ということに気がつきました。

真の夢に目覚めると、不思議なことに行く手をふさいでいた大きな石が、ただの〝踏み石〟に見えてきます。

私にもよく似た経験があります。

本を出版できたものの、全然増刷にならない。売れない本はあっという間に書店から消えてしまいます。

ぼやいていると、次の執筆に集中できなくなってスランプに陥りかねません。

そこで私は、失望する気持ちの根底にあるものを徹底的に調べてみました。

「収入がほしい」「認められたい」……それはあるけど、それだけじゃない。

「人に喜ばれたい」「役に立ちたい」……それもあるけど、それはあくまでも結果。

そしてついに、売れる本を書きたい一番の理由にたどり着きました。

「自分の愛をひとりでも多くの人に受け取ってほしい！」

この想いこそ自分の最大の理由だと直感しました。

努力目標がはっきりすると、それ以外のことで思い悩まなくなります。

以来、自分を磨いて愛を深め、読者が受け取るに価する愛を言葉にすることに私はときめいています。

さて、真の夢に目覚めたHさんはどうなったでしょうか。

告白の続きを見てみましょう。

告白2

『それは頼まれなくてもやりたいこと？』

「サロンを開くからにはそれなりに……」と思ったのは私の見栄でした。

大事なことは、あとにも先にも「きてよかった」と言われるセラピーを提供することだったんです。

私は初心にかえって、今日出会ったお客さんが笑顔で帰れるようにと願いを込めて、全身全霊をかけて施術しました。

初心にかえると、真の夢を叶えているという幸せがよみがえって、毎日の仕事が楽しくてたまらなくなりました。

しだいに指名してくださるお客さんが増えていき、予約が二カ月先まで埋まるようになりました。

そのころ、サロンのオーナーが「そろそろ独立する？　支店を出すから、独立採算制でやってみない？」と声をかけてくれたんです。

思いがけないチャンスは、本当に向こうからやってくるんだなぁと感動しました。

私は決して将来の夢を忘れていたわけではありません。

忘れてないからこそ〝今〟を大切にしようと思って目の前のことに打ち込んだら、ときめきが戻ってきて夢が叶ったんです。

★「できる理由」を考え続ける人に、チャンスは訪れる

自分が本当にやりたいことをすれば、あなたはときめいて生きられます。

もし一歩を踏み出せないでいるとしたら、そのわけを誤魔化さないで、自分の胸に正直に尋ねてみてください。

「失敗するのがこわい」という答えが返ってきたら、もう一度尋ねてください。

「それはわかるけど、自分が本当にやりたいことをできずに終わる人生より、こわいものってある？」


あなたが持っている力の中で、最強のものはなんだか知っていますか？

それは〝意志〟の力です。

物事を貫く意志の力は、夢の途上にあるゴロゴロした石を押しのけて道を切り開くブルドーザーのようなものです。

だから、意志あるところに道が開かれていくのです。

このブルドーザーをうまく使いこなせなくて、自分は無力だと思い込んでいる人が大勢いるように感じます。


意志というブルドーザーを使いこなすコツをお伝えしましょう。

それは、自分が「できない理由」ではなく、「できる理由」を考え続けること。

あなたは困難にぶつかると、知らないうちに「だって……」とか「そう簡単には……」という言葉を口にしていませんか。

そうすると「できない理由」しか考えなくなります。これが言い訳です。

もし、そんな言葉が口を突いて出そうになったら、ブルドーザーを駆使して「できる理由」だけを考えるようにしてください。

そして名案が浮かんだら、「これをやってみよう！」「きっとできる！」「できるまで続ける！」とエンジン全開で臨みましょう。

私の友人の夢はパティシエになることでした。

夢をあきらめかけていた彼女に、パティシエになりたい一番の理由を胸の奥に尋ねるように伝えました。

彼女は「自分が作ったケーキで、食べた人を幸せにしたい！」と答えました。

いつもその想いとともにがんばれば、ときめきを失うことはないでしょう。

あとは「できる理由」だけを考えてひとつずつ実践していくだけです。

自分が本当にやりたいことをするのに、「何年間は耐えなければいけない」とか「いやいやでも努力しなければならない」という発想はいりません。
それは心に重石をつけるだけだと思います。
あなたが本当にやりたいことは、プロセスも含めて全工程が〝夢〟なのです。
そんな夢の世界に足を踏み入れたら、心は羽が生えたように軽くなって、努力そのものが楽しくなるに違いありません。
途中でちょっとくらい失望しても、ブルドーザーがあったら平気です。
だからあなたは夢を叶えることができるのです。

第7の扉

愛し・愛されて、世界一幸せな私になる方法

――「絶対に折れない心」はこうしてつくる

あなたが「考えるのもいや」と恐れていることはなんでしょうか。
家族や恋人を失うこと？
今の仕事を失うこと？
それとも、まわりから相手にされなくなって孤立すること？

夢を打ち砕かれて生きがいをなくすこと？

死ぬこと？

死なれること？


恐ろしい想像をすると、心は緊張します。

この緊張が役に立つのは危険から身を守るときぐらいで、ほとんどは心を疲れさせるだけの「ないほうがいいもの」だと思います。

あなたが恐ろしい想像をすればするほど、心は過度に緊張して不安になります。

そして、おびえたり、イライラしたり、焦りはじめます。

たいていの場合、知らないうちにそうなってしまうのです。


これを意識しましょう。

知らないうちにしている恐ろしい想像をやめることが、「ちょっと傷つきやすい自分」を救う最初の一歩です。

そうすれば、する必要のない緊張に使われる膨大なエネルギーを、他のことに使うことができます。

他のこととは、「愛する気持ち」を引き出すことです。

これが、あなたを余計な恐れから解き放って心を強くする最良の方法なのです。

胸の奥に潜む恐れに翻弄された男性、Iさんの告白です。

告白1 『モタモタすることに耐えられません』

自分はものすごくせっかちです。

せっかちが裏目に出て、早合点したり、焦りまくってミスをすることもたまにありますが、何事も効率よくサッサとやるほうがいいし、時間を浪費するのはよくないと思っています。

仕事に限らず、ご飯を食べるのも、歩くのも、かなり早いほうです。

家族には「せわしない」とか「あわただしい」といやがられますが、《時は金なり》ですから。


何事もあわてずゆっくりの同僚を見ると、「何やってんだ！」とイライラします。

そいつと酒を飲みにいったとき、彼は母親から「ゆっくりでいいから落ち着いてやりなさい」と言われて育ったと話しました。

「俺は逆だ。『ぐずぐずしないで早くやりなさい』ってしょっちゅう叱られてたよ」と言ったらおどろいていましたが。

家に帰ってからもこのことが妙に気になって……。

彼はおっとりしているけれど、仕事ができないわけじゃないし、いや、むしろできるほうだと思います。

それなのに、あまりストレスを感じてないみたいなんです。

仕事に追われてイライラしがちな自分と、どんなに仕事に追われてもマイペースな彼との違いは、ここにあるのかなぁと考えてしまいました。

★人生をシンプルに、豊かに生きる一番いい方法

子どものとき、あなたがしょっちゅう言われた言葉はどちらでしたか？

「ゆっくりでいいから落ち着いてやりなさい」

「ぐずぐずしないで早くやりなさい」

落ち着いて早くできれば理想的なのでしょうが、幼いときは、洋服を着るのも、靴紐を結ぶのも、ご飯をこぼさずに食べるのもひと苦労です。

一方、大人はなんでも早くできるようになることが成長だと思っています。

幼心に「早いのはいいこと」「急げばほめてくれる」と思い込んでしまうと、

よく言うとテキパキ、悪く言うとせっかちになります。

せっかちな人の心には「ゆっくりやることへの恐れ」のあることがあります。それでいつも気が急いて、遅れてはいけないと思うだけで落ち着きを失ってしまうのです。

もしあなたにその傾向があるとしたら、「ゆっくり落ち着いてやる」ことのメリットを改めて考えてみましょう。

最初に、「ゆっくりはいけない」という先入観を頭からどけて、「適度に遅くやろう」と思い直してください。

たとえば、いつも急いで食事をすませているとしたら、適度に遅くするのです。もしかすると、これまでは食材をかみしめて味わうとか、作ってくれた人に感謝するといったことを忘れていたかもしれません。

気が急くと、身も心も余裕をなくして〝消化不良〟に陥りやすくなります。

消化不良とは、本来は栄養になるべきものを逃すということです。

人生のひとコマひとコマには、それが食事でも、娯楽でも、仕事でも、そのときを逃したら味わえないものがたくさんあると思います。

それをじっくり楽しんで生きていくことは、何事も素早く義務的にこなして生きていくことよりも大切な場合があるのではないでしょうか。

そこに関わる人たちの想いに触れて、感動したり共感したりできるのは、物事を丁寧に味わったときだからです。

ひらめきを得るのもそんなときだと思います。

時間に追われるようにして気ぜわしく生きるのをやめませんか。

もう少し、心の機微を味わう余裕を持ちましょう。

新たな喜びを発見したIさんの告白です。

告白 1

『何をするかの前に、何をやめるかを考えました』

自分よりもせっかちな上司に就いたとき、彼が反面教師になりました。その上司はいつもカリカリして、「プロセスより大事なのは結果だ。早く結果を出せ」とまくし立てました。たぶん自分の評価が下がることを恐れていたんでしょう。

ピリピリした空気の中で、「そんなにせかさなくてもいいのに」とみんな感じていたと思います。

もしも僕があんなにカリカリしていたら、部下を楽しく働かせることも、守ることもできない。もっと気を長く持って〝待てる人間〟にならなくては……。

これからはもっと落ち着いて物事に取り組もう、と痛感しました。

いろいろ考えて実践したことは三つ。

ひとつ目は、早食いをやめようと決心しました。

ひとりで食べるときは、なるべく目をつむってゆっくり噛むようにしたら大正解！　食材をおいしく味わって食べられるようになりました。

ふたつ目は、セカセカ歩くのをやめること。

歩くときに足の裏の感覚に意識を集めるようにしたんです。自然と歩調がゆっくりになって、大地と触れ合っている感じがします。

三つ目は、深呼吸。ひと呼吸に十秒くらいかけて数回行ないます。

わずか数十秒の深呼吸がこれまではできなかったんですが、実に気持ちいいです。リフレッシュできるので、仕事の合間にもやっています。

最近、家族や後輩に「大丈夫か？」とか「あんまりムリするなよ」と言うようになったらしいんです。やさしくなったと言われます。

自分では意識してないんですが、たぶん相手の状態をうかがう余裕ができたんだと思います。

★愛情は〝あげっぱなし〟が、いい人間関係の基本

「いつも心に余裕を持っていたい」と、だれもが思っているはずです。

でも現実は「余裕がある」と感じるときよりも、「余裕がない」と感じるときのほうが多いような気がします。

そのせいで人間関係がギクシャクしたり、普段できることができなくなったのでは困ります。

あなたが心の余裕を失ってしまう原因はなんだと思いますか？

出来事や人物が思い浮かんだとしても、それは二次的なもの。

第一の原因は、あなたの胸に潜む『恐れる気持ち』なのです。

私たちは自分にとって価値あるもの、たとえば評判や人気、お金や力などを「なくすかもしれない」と恐れた瞬間に余裕を失います。

余裕を失うということは、自分を見失うということです。

するとと不安にかられて、「ああならないように」「こうならないように」と恐れから行動するようになります。

私たちが行動するときの動機は、無意識も含めてふたつにひとつ。

「恐れから」動くか、「何も恐れずに」動くかのどちらかなのです。


あなたが「何も恐れずに」動くとき、動機は信頼や勇気や献身といった〝愛〟に根ざしています。

愛から動けば、そこに不安が入り込む余地はありません。

たとえば、「自分は親切で言ったつもりだけどどう受け取られるか不安」という場合は、その親切心は恐れのカモフラージュだったのかもしれません。


「恐れから」動くとき、動機は〝思うようにしたい欲〟に根ざしています。

その動機には「そうならなかったらどうしよう」という不安がついてまわりま

す。

自分をおびやかすだけの〝思うようにしたい欲〟ならば、いさぎよく手放すほうが賢明です。

ただし、その欲を手放そうとして悪戦苦闘すると、かえって自分が傷ついてしまうことがあるのです。

なぜなら、消したいという気持ちもまた〝思うようにしたい欲〟だからです。

この果てしない「欲の連鎖」にはまると、心ががんじがらめになって身動きが取れなくなります。

そこでどうするかと言うと、〝思うようにしたい欲〟が湧いたら、いったん横に置きます。抵抗しないでただ横に置く。

つまり、無視する、取り合わない、ということです。

そのきっかけに私が使っている言葉がふたつあります。

「ま、いっか」と「そうなってから考えよう」。

これをボソッとつぶやいた瞬間に不安が薄れて、「欲の連鎖」から抜け出すことができます。あなたも試してみてください。

一方、愛には最初から〝思うようにしたい欲〟がないので、不安にかられて結果を思い悩むことがありません。

〝あげっぱなし〟で完結しているのが愛なのです。

あなたが仕事や趣味に〝あげっぱなし〟の心で臨むことができたら、人間関係はずいぶん変わると思います。

意志の力を存分に発揮して、愛に根ざした人間関係を目指しましょう。

最後に、かつての私の告白を聞いてください。

告白2

『自分が傷つくことを一番恐れています』

自分が人に嫌われたり、いてもいなくてもいい存在と感じたときは、自分の存在価値が砕け散って心が折れそうになります。

私は本当に傷つきやすくて弱い人間です。

だから嫌われないように、いつも人の顔色をうかがって、なるべく人に合わせるようにしています。

でも、たまに板ばさみになって「いったいどっちの味方なの?」と責め寄られたり、「八方美人!」と揶揄《やゆ》されることがあります。

そのときはとても傷ついて、こんなに神経をすり減らして気を遣っているのに、どうしてうまくいかないんだろうと落ち込みます。

心理学に助けを求めて意外な言葉に出合いました。

《だれにでも〝いい顔〟をする人は、結局、だれの意見も聞いてないし、自分の意見にも耳を傾けない》

ズボシでした……。

確かに私は、まわりに合わせることでいつもいっぱいいっぱいで、人の意見を吟味するとか、自分の意見に耳を傾ける余裕なんてなかったから。

さらに〝いい顔〟するのは、自分の存在価値を「人にどのくらい好かれているか」で計ろうとするせいだということもわかりました。

★「自分を愛する気持ち」の上手な育て方

人間関係においてもっとも重要なものは、自分自身との関係です。

とりわけ「恐れる気持ち」とどうやって付き合うか。それからいかにして自由

になるかは最大の課題です。

あなたも今日まで生きてきて、「もう二度と傷つきたくない」という恐れを山のように背負い込んでいるかもしれません。

山のような恐れから自由になりましょう。

方法はあります。

結論から言うと、それは〝自分を『愛する気持ち』を育てること〟に尽きます。

自分を愛したくない人はひとりもいないはずなのに、自分を愛せない人は大勢います。

かつての私もそうでしたが、原因は「ここにいる自分を生きよう」としないで、理想を掲げて「別人になろう」とジタバタするためなのです。

あなたは、あなたのままでいることに意味があって、今ここにいるあなたを生きることに価値があります。

それを実行するために、自分の心の声にしっかり耳を傾けてください。

自分を愛することは、心の声に誠実になることからはじまります。

もしあなたの心の声が、情けないと思うことや、かっこ悪いなぁと感じることをつぶやいたとしても、まったく問題ありません。

あなたは堂々と胸を張って、そんな自分に「大丈夫！」と言いましょう。

たとえ大丈夫な気がしなくても必ずそう言い切ってください。

自分に「大丈夫！」と言うと、潜在意識に「私は大丈夫だ」という指示を与えることができます。

これが、自分を愛するためのあなたの小さな一歩です。

小さくても、とてもパワフルな一歩です。

さらに自分自身とのコミュニケーションを続けましょう。

告白 2

『自分にやさしくなったら、余計なことを考えなくなりました』

私はひとりになって、余分なことをぐちゃぐちゃ考える心と向き合いました。

このころから「頭を空っぽにする」ことに興味を持つようになりました。

禅の本には、《思考を止めると頭が休まり、同時に心も休まる。心身を空っぽにすると、大いなる休息とやすらぎを得ることができる――》とあります。

確かに、大自然の美しい風景に心を奪われて思考が止まったときは、頭の中がシーンとして、心の中も平安だな……と思いました。そこで私は坐禅を習うことにしました。

頭を空っぽにすることに時間を割《さ》くなんて、以前だったら考えられないこと。ボーッとする時間があったら営業する、という生き方をしていたからです。

それがどれほど自分に冷たい〝愛のない態度〟だったか、よくわかりました。

肩が凝っても、頭痛がしても、苛立つばかりで体をまるで労わろうとしない……。もしも私が体だったら、そんな主に愛を感じるわけがないと思いました。

私は猛省して心を改めました。

疲れると「酷使してごめんね。がんばってくれてありがとう」と自分に言って、ストレッチをしたり、温泉に行ったりして疲れを取ることに努めます。

それから坐禅をして頭をすっきりさせます。

心身が本当に喜ぶことをしているときは、余計な心配をしなくなることを発見したんです。

人に対しても同じかもしれません。相手が本当に喜ぶことをしているときは、自分もホッとして余計な心配をしないような気がします。

自分や人を本当に喜ばせることが、やすらぎを得る道だったんですね。

★「あなたは、自分もまわりも明るく照らす太陽そのものです」

あなたが何かしようとしたとき、エゴが出てきて「どうして私がしなくちゃいけないの」「私が損する」「いつも私ばっかり」「私、私、私……」と言い出したら、その場で動機を選択し直してください。

「私は心からやってあげたい」「ぜひやらせてください」「やらせてもらえたらう

れしい」……と呪文のように唱えましょう。

エゴを攻撃しないで方向転換を図るのです。

すると心の中に、まっすぐ伸びた光の道が見えてきます。

それはあなたの意志の光です。それにしたがって行動すれば、すがすがしい気持ちで物事に当たることができるでしょう。

そして「やってよかった」という満足感と愛を感じると思います。


愛はだれの中にもあります。

あなたの心は、もともと「愛する気持ち」でいっぱいなのです。

ただその上を、物心ついてから刷り込まれた「恐れる気持ち」が薄雲のように覆うことがあります。

それはあなたの一部ですが、その薄雲にフッと息を吹きかければ、あなたはいつでも恐れを退けることができます。

その勇気を持ちましょう。それが〝強さ〟です。

薄雲が消えると太陽が顔をのぞかせるように、心に愛が広がっていきます。

長い人生には、分厚い雲が垂れ込める日もあるでしょう。
でも、あなたの本質はこの太陽です。
いつでもあふれる愛なのです。
そのことを絶対に忘れないでいてください。

(了)

「心《こころ》を強《つよ》くする」7《なな》つの扉《とびら》

著　者――宇佐美百合子（うさみ・ゆりこ）

発行者――押鐘太陽

発行所――株式会社三笠書房

〒102-0072 東京都千代田区飯田橋3-3-1
電話：(03)5226-5734（営業部）
　　：(03)5226-5731（編集部）
http://www.mikasashobo.co.jp

印　刷――誠宏印刷

製　本――宮田製本

編集責任者　本田裕子
ISBN978-4-8379-2407-4 C0030